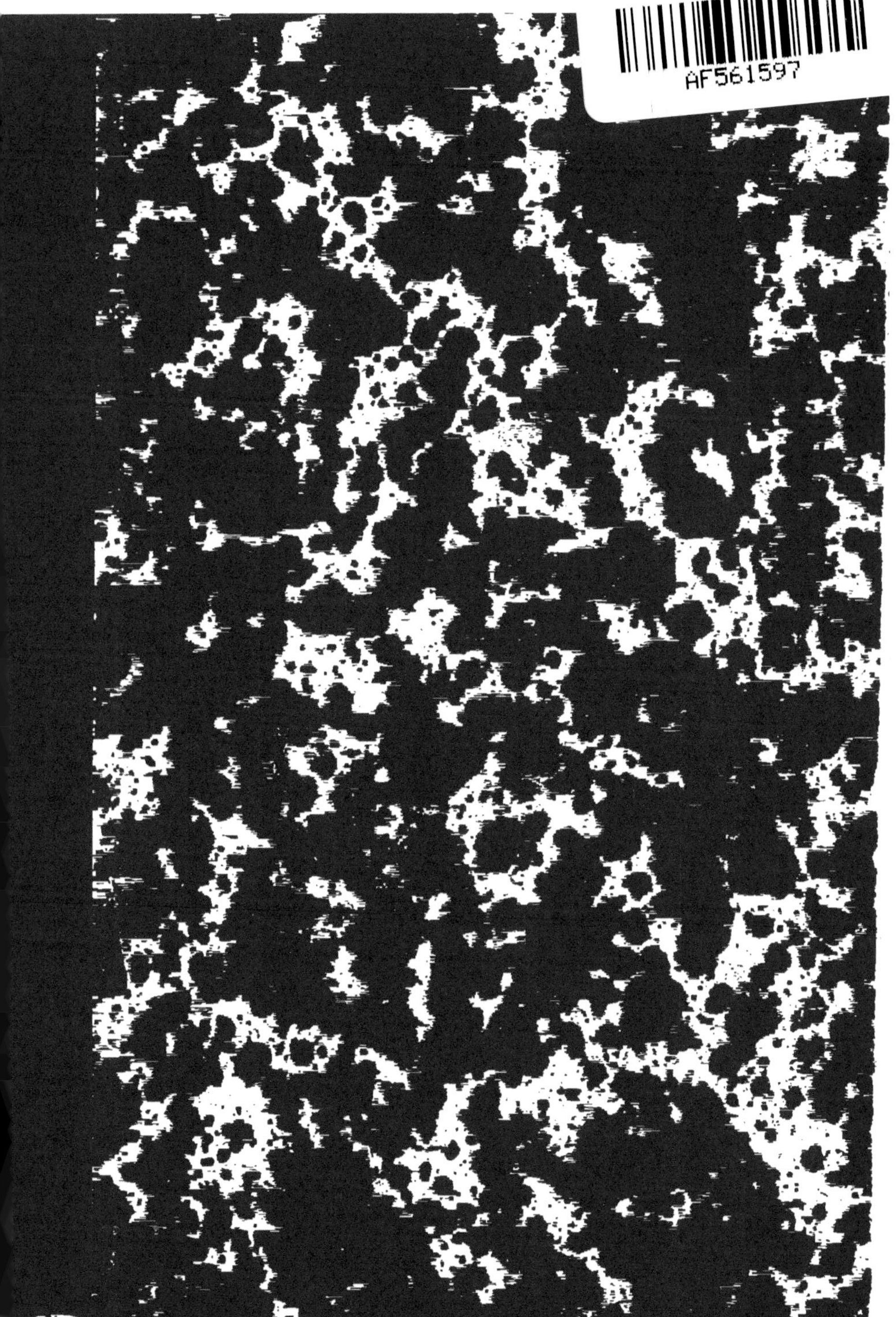

LETTRES

SUR

L'INCENDIE DE MOSCOU.

LETTRES

SUR

L'INCENDIE DE MOSCOU,

ÉCRITES DE CETTE VILLE,

AU R. P. BOUVET, DE LA COMPAGNIE DE JÉSUS,

PAR L'ABBÉ SURRUGUES,

TÉMOIN OCULAIRE, ET CURÉ DE L'ÉGLISE DE SAINT-LOUIS, A MOSCOU.

PARIS.

PLANCHER, LIBRAIRE, QUAI SAINT-MICHEL, N° 15.

1823.

AVERTISSEMENT.

Cette Relation a été écrite par feu M. l'abbé Surrugues, ancien émigré français, et curé de la paroisse de Saint-Louis, à Moscou. (Il y est mort en 1820.) Il l'a adressée en 1812, à un ancien jésuite, le R. P. Bouvet.... Les Français qui ont habité Moscou depuis la révolution doivent avoir conservé un souvenir de ce respectable prêtre.

L'écrit de l'abbé Surrugues se fait remarquer par sa simplicité, de beaux mouvemens d'éloquence, et le respect de l'exactitude historique : il est digne d'éloges sous tous ces rapports. C'est un document pour l'avenir.

L'abbé Surrugues a transmis à M. le comte

Rostopschin, et très-peu de temps après l'incendie de Moscou, la copie de la Relation que nous publions aujourd'hui. Ce fait ne peut être déjà effacé de la mémoire de son Exc. Nous pensons donc que, sans aucun inconvénient, puisque M. le Comte veut placer sous nos yeux les causes vraies de cet événement et se disculper de l'avoir provoqué; nous pensons, disons-nous, qu'il était de son devoir de relire les pages de M. l'abbé Surrugues, témoin oculaire. M. Rostopschin ne l'a pas été ; mais vraisemblablement, cette lecture l'aurait dissuadé de la justification qu'il a entreprise.

Résumons-nous : nous avons lu attentivement la brochure du comte Rostopschin, et nous n'y *avons vu que du feu.* Le mot est du *Miroir*, de cette feuille si spirituelle : il est juste, et caractérise parfaitement cet écrit.

Nous avons cru devoir la publication immédiate de cet écrit à l'honneur de notre ancienne armée, de cette admirable armée, dont les débris sont tombés immortels à Waterloo, et à la mémoire de Napoléon. Elle présente les faits sous leur aspect réel, nous le répétons.

M. Rostopschin a terminé sa brochure par quelques réflexions générales passablement tranchantes, rédigées dans le caractère de style des manifestes russes, et avec la logique qui les distingue. Nous dédaignerons d'y répondre : elles respirent une odeur de knout, un dédain nobiliaire qui leur ont valu la vive approbation des *fanatiques* : ce qui est tout naturel.

Terminons en citant ce fragment où M. ALEX. DUMESNIL exprime, en traits éloquens (1) le sentiment d'horreur que lui inspire l'auteur de l'incendie de Moscou :

« Un lâche incendiaire, plus cruel et plus féroce que tous les calmouks du désert, dont il a l'épouvantable figure, se promène tranquillement au milieu d'un peuple qu'il a désolé ; banni par son propre prince, pour les rigueurs et les cruautés inouïes qu'il exerça contre les prisonniers français, il reçoit maintenant en France un accueil favorable..... Je ne vous ai point dit d'être calmouks ou tartares comme lui, assassins, brigands ! Mais trouvez dans vos mœurs un moyen de repousser son insupportable présence ; réduisez cet homme à quitter un pays où il ne saurait prendre rang que parmi les bou-

(1) Trente-unième Livraison de l'*Album*.

reaux; présentez-vous, guerriers mutilés, glorieux débris de nos phalanges, comme l'ombre silencieuse d'Achille; et que les remords et la honte l'entraînent éperdu au-delà de nos frontières !

« Malheur à celui qui ne s'est pas senti transporté de colère à la vue de l'incendiaire moscovite ! ! !..... »

LETTRES
SUR
L'INCENDIE DE MOSCOU.

Moscou, le 19 octobre 1812.

L'Abbé SURRUGUES, *Curé de l'église de Saint-Louis, à Moscou, au Père* BOUVET, *jésuite.*

JE vous envoie, mon digne et respectable ami, un journal bien exact et bien vrai de tout ce qui s'est passé ici pendant le séjour des Français à Moscou. Je vous prie, après l'avoir lu, de le remettre à monseigneur le Métropolitain, à qui je me propose d'écrire dès que la communication par la poste sera rétablie. Vous y verrez des détails qui vous feront frémir. La renommée ou la politique y ajouteront des particularités controuvées à dessein. Je puis répondre de tout ce que je vous écris, parce que c'est la pure vérité. Il y a bien assez d'horreurs sans vouloir y en ajouter de nouvelles.

Pendant les six semaines que les Français ont passé ici, je n'ai pas même vu l'ombre de Napoléon, ni n'ai cherché à le voir. On me disait qu'il me ferait peut-être mander; j'en ai frémi, mais je l'ai échappé. Il n'est pas venu à notre église; je doute même qu'il y ait pensé. Quatre ou cinq officiers des anciennes familles de France y ont assisté à l'office; deux ou trois se sont confessés. Du reste, vous saurez ce que c'est que le christianisme de cette armée, quand vous apprendrez que dans un corps de 400,000 hommes, tel qu'il était au passage du Niémen, il ne se trouvait pas un seul aumônier. Il est mort plus de 12000 personnes pendant leur séjour, et je n'ai enterré avec les cérémonies ordinaires qu'un officier et un domestique du général Grouchi; tout le reste, officiers et soldats, ont été enterrés par leurs pairs dans le premier jardin voisin. Ils n'ont pas l'air de croire à une autre vie. J'ai paru une fois dans une salle d'officiers blessés; tous m'ont parlé de leurs besoins physiques, et pas un de leurs infirmités spirituelles, et cependant le tiers d'entre eux avait la mort sur les lèvres. J'ai baptisé plusieurs enfans de soldats; c'est la seule chose à laquelle ils tiennent encore, et j'ai été traité avec respect. Du reste, la religion pour eux n'est qu'un mot vide de sens.

Séjour des Français à Moscou, au mois de septembre 1812.

(1) La marche rapide de l'armée française, depuis son entrée sur le territoire de la Russie, la prise de Smolensko, et les journées sanglantes du 24 et du 26 septembre, après lesquelles les troupes russes se replièrent sur Moscou, semblaient mettre à découvert le système de guerre

(1) Le récit est conforme à celui qui a été envoyé par l'auteur au comte Rostopchin, à l'exception du morceau sur Véréachchayhin, et auquel étaient ajoutés les fragmens mis en marge ou en entre-ligne.

adopté par le gouvernement russe. On ne pouvait opposer à un ennemi, aussi supérieur par le nombre de ses troupes, qu'une mesure militaire seule capable de l'arrêter dans sa marche : c'était de lui faire trouver sur sa route un désert continuel, et de le combattre par la famine et les rigueurs d'un climat inconnu. Ce fut par une suite de cette politique qu'on livra à la flamme et au pillage tout ce qui se trouva sur son passage, et qu'on laissa les Français s'enfoncer dans l'intérieur d'un pays ennemi, au travers des déserts couverts de cendres, dans l'espoir de les vaincre sans efforts et de leur couper la retraite.

Le 1er septembre (vieux style), l'armée russe, par convention, s'était retirée tranquillement sur la route de Wladimir, en traversant la ville de Moscou, la nuit du 1er au 2.

Le 2, à six heures du matin, le général gouverneur de Moscou, S. E. monseigneur le comte Théodore Wassilievitch de Rostopchin avait rassemblé toute la police et tous les employés subalternes de la ville dans sa maison, située dans la Loubianka.

Les prisons ayant été ouvertes par son ordre, deux détenus seuls sont réservés pour comparaître devant lui, le sieur Véréachchaghin, fils d'un marchand russe, qui avait été convaincu d'avoir traduit une proclamation de Napoléon, par laquelle il annonçait son arrivée très-prochaine à Moscou, et un Français nommé Mouton, accusé d'avoir tenu des propos indiscrets et contraires aux intérêts de l'Etat. Le gouverneur, après avoir tout disposé pour le départ, fait avancer le premier de ces malheureux au milieu des dragons de la police : « Russe indigne de ton » pays, lui dit-il, tu as osé trahir ta patrie et » déshonorer ta famille : ton crime est au-dessus » des punitions ordinaires (le knout et la Sibérie); » je te livre à toute la vengéance du peuple que » tu as trahi. Frappez le traître, et qu'il expire » sous vos coups. » Le malheureux expire percé d'une grêle de coups de sabres et de baïonnettes : on lui lie les pieds avec une longue corde, et son cadavre sanglant est traîné par toutes les rues, au milieu des outrages de la populace. Ensuite, le sieur Mouton est appelé : « Pour vous,

» qui êtes français, lui dit le général gouverneur, » gardez-vous bien de jamais tenir aucun propos » contraire aux intérêts d'un pays qui vous a » accueilli avec bienveillance. » Celui-ci voulant se justifier, le gouverneur général lui imposa silence, en ajoutant : « Retirez-vous, je vous » pardonne; mais lorsque vos brigands de com- » patriotes seront arrivés, racontez-leur com- » ment nous punissons les traîtres à la patrie. » En même temps il donne l'ordre pour le départ, et s'avance lui-même escorté de toute la police et de tous les employés subalternes, en prenant la route de Wladimir.

Vers les dix heures du matin, la ville de Moscou, presque entièrement déserte, offrait l'aspect d'une vaste solitude. Au bruit de la marche tumultueuse de l'armée, avait succédé un silence mêlé d'horreur, qui semblait être le triste avant-coureur de quelque grande calamité. Aussitôt, on débite que l'arsenal est ouvert, que les armes sont au pillage. Là, les échappés des prisons y accouraient pêle-mêle avec la populace, pour s'armer. Les portes et les caves des cabarets avaient été enfoncées dès la veille, et l'eau-de-vie ruisselait encore dans les rues. De quel sentiment de terreur furent saisis les étrangers et les citoyens paisibles qui étaient restés, en pensant à ce qu'ils avaient à craindre dans une ville sans police, sans autorité quelconque, abandonnée à toute la malveillance des gens échappés des prisons. Chacun renfermé sévèrement dans sa maison, mesurait, avec une impatience mêlée d'effroi, l'intervalle qui s'écoulait entre le départ d'une armée et l'arrivée de l'autre.

Enfin, vers les cinq heures du soir, le son des trompettes se fait entendre, l'avant-garde des Français s'avance; on s'attend à voir la fin de l'anarchie. Le roi de Naples s'établit au-delà de la Yaouse, dans la maison de M. Batachoff; le reste des troupes se répand successivement dans différens quartiers; et vers le soir, une compagnie de grenadiers de la nouvelle garde impériale, postée au pont des maréchaux, détache cinq hommes pour servir de sauve-garde à l'église Saint-Louis. Napoléon, ne voyant arriver au-devant de lui aucune députation, ni aucune des autorités constituées, passe la première nuit à la barrière de Smolensk.

Mais déjà commençait à s'exécuter un projet enfanté dans l'enthousiasme du patriotisme, celui de sacrifier la ville de Moscou au salut de l'empire, et de préparer un bûcher à l'armée française, en incendiant cette immense cité. Depuis plusieurs semaines, on avait préparé à Vironzow, maison de campagne de M. le prince de Repnin, située à six verstes de la ville, une espèce d'arsenal où se fabriquaient des pièces de feux artificiels, des fusées à la congrève et d'autres instrumens destinés à l'exécution du grand projet. Pour dissiper ou prévenir les inquiétudes ou les soupçons du peuple, un bulletin du général gouverneur avait annoncé d'avance qu'on préparait un grand ballon aérostatique, au moyen duquel on était assuré de détruire toute l'armée française. Quelques jours avant l'arrivée des Français, on avait fait l'essai de ces pièces d'artifice. On ne parlait que d'incendie; les uns avec un air de mystère, les autres plus ouvertement. L'empressement des habitans à s'éloigner de la ville annonçait quelque projet sinistre. Le jour même de l'évacuation de Moscou par l'armée russe, un globe de feu, qui avait éclaté dans le quartier de la Yaouse, semblait donner le signal aux incendiaires; une maison avait été la proie des flammes; tandis que d'un autre côté, près du pont de pierre, le grand magasin d'eau-de-vie appartenant à la couronne était en feu, et qu'on se voyait forcé de sacrifier une partie de ce dépôt pour conserver l'autre. Mais ce même jour, vers les onze heures du soir, le feu s'était manifesté avec la plus grande violence dans les boutiques situées près de la Bourse. Les magasins qui étaient remplis d'huile, de suif et d'autres matières combustibles, devinrent un foyer inextinguible. On demande les pompes de la ville, on ne les trouve nulle part. Le bruit se répand que la police les a fait enlever ainsi que tous les instrumens destinés à remédier aux incendies. On cherche à éteindre le feu d'un côté, il éclate de l'autre avec plus de violence.

Le mardi 3, un vent de nord-ouest s'étant

élevé, l'incendie se propage et toutes les boutiques sont en feu. Napoléon était venu s'établir au palais du Kremlin. Il n'avait pas été peu frappé de voir au-dessous de lui un incendie aussi considérable, et il avait donné des ordres pour éteindre le feu, lorsqu'on lui rapporta que le feu se manifestait dans plusieurs endroits à la fois; qu'on débitait hautement que le projet avait été formé de livrer la ville aux flammes, et de ne laisser aux Français pour conquête que des monceaux de cendres! Napoléon ne put croire à un projet aussi extrême; mais le nombre des incendiaires, pris sur le fait, leurs noms, surnoms et état, leurs dépositions recueillies avec soin, leurs aveux uniformes, consignés dans un écrit qui fut publié à cet effet, ne laissant plus aucun doute à cet égard, on condamna plusieurs d'entre eux à être fusillés : leurs corps furent exposés à différens poteaux. C'étaient, dit-on, pour la plupart de la police, des kosaques déguisés, des soldats soi-disant blessés, et même des personnes attachées aux églises, qui déclarèrent qu'ils regardaient cette œuvre comme méritoire devant Dieu.

Cependant la populace brisait avec violence les portes, et enfonçait les caves des boutiques menacées du feu. Le sucre, le café, le thé, furent bientôt au pillage; puis les cuirs, les pelleteries, les étoffes, et enfin tous les objets de luxe. Le soldat, qui d'abord n'avait été que tranquille spectateur, devint bientôt partie très-active. Les magasins de farine furent pillés; le vin et l'eau-de-vie inondèrent toutes les caves; quelques soldats furent trouvés noyés dans le vin; en un mot, la ville fut en proie à un fléau plus terrible que le feu : en effet, le projet d'incendier la ville une fois bien constaté comme une mesure de guerre employée par le gouvernement russe, le pillage devenait comme une représaille inévitable de la part d'un ennemi qui se voyait frustré de l'espoir dont on l'avait flatté. Eh! quel dédommagement offrir à des troupes exténuées par trois mois de fatigues et de combats, éprouvées par des privations de tout genre, et assurées, par des promesses solennelles, de trouver à Moscou la fin de leurs souffrances et la ressource universelle de tous leurs besoins? Mais aussi que n'avait-on pas à craindre d'une arme aussi terrible entre les mains d'un soldat exaspéré et avide de vengeance? Il n'y eut aucune distinction entre le Français et le Russe, l'étranger et le compatriote; tout fut dépouillé de la manière la plus indigne. Ceux que le feu avait épargnés ne purent échapper au pillage, et le brigandage fut porté à un tel excès, que plus d'un individu regrette de n'avoir pas été enseveli avec tout ce qu'il possédait sous les cendres de sa maison.

L'incendie de la ville continuait ses ravages. La Tverskaïa était en feu et avait commencé à embrâser la Nikitki; une partie de la Pakvovska était pareillement en proie aux flammes, lorsqu'un vent, qui s'éleva du nord-ouest, accéléra, d'une manière prodigieuse, les progrès du feu. En effet, le mercredi 4 au matin, il n'y avait plus, dans toute l'enceinte des boutiques, que les maisons des libraires et autres contiguës à l'Ouprava Blagot-Cheme, qui eussent échappé aux flammes; tout le reste était consumé. Une fusée fut même jetée sur l'un des bâtimens du Kremlin, dans la vue sans doute d'incendier cette enceinte ; mais le feu fut étouffé aussitôt par l'activité de la garde impériale. Alors Napoléon, qui se voyait entouré de feux de toutes parts, pénétrant le dessein des incendiaires, crut devoir prudemment abandonner le Kremlin, pour se retirer au palais de Petrowski.

Vers les 4 heures du soir, le vent changea et souffla du sud-ouest avec toute la violence d'un ouragan. Le feu, qui avait été mis à quelques maisons au-delà de la Yaouse et de la Moskowka, étant alimenté par le vent, se développa avec une telle activité qu'on croyait voir un volcan immense dont le cratère vomissait des torrens de flammes et de fumée ; c'était un déluge de feu qui consuma en moins de quelques heures, tous les quartiers au-delà des deux rivières et toute la Loubianka, tandis que d'un autre côté la Moskavoûa, la Pretchinska et l'Arbate offraient le même spectacle. Il faut en avoir été témoin pour s'en faire une idée. On ne rencontrait partout que des malheureux, chargés des tristes débris qu'ils avaient arrachés aux flammes, poussant des cris lamentables, et qui ne semblaient avoir échappé au feu que pour tomber entre les mains de brigands qui les dépouillaient sans pitié. Un grand nombre de ces infortunés se rendit au camp de Napoléon, à Petrowsky, pour implorer sa bienveillance. Il parut s'attendrir sur leur sort, et leur promit de s'occuper des moyens d'y remédier. Plus de quatre cents d'entre eux furent recueillis avec autant de zèle que de générosité, dans la maison de Zapatoff dévastée, à la Porte rouge, et y trouvèrent non-seulement un asile assuré, mais encore des soins et des subsistances.

Le jeudi 5, le vent, qui était directement à l'ouest, continua à souffler avec la même impétuosité que la veille, et porta des nuages de feu de la Strétinska sur toutes les Meszinsky et la Trouba; enveloppa successivement, dans le même tourbillon, une partie de la Meszinska, la Porte rouge, le marché au bois, la vieille et la nouvelle Bassemanne, enfin la Slobode allemande toute entière.

(1) Une mer de feu inondait tous les quartiers de la ville. Les ondulations de la flamme agitée par le vent imitaient parfaitement celles des vagues soulevées dans une tempête. On eût dit qu'à la main des incendiaires s'était jointe celle de la vengeance divine, tant la cause de cet incendie paraissait surnaturelle. Les infortunés habitans de la Slobode, poursuivis de place en place par le feu, furent obligés de se réfugier dans les cimetières situés au-delà du grand hôpital militaire, où ils ne se croyaient pas même en sûreté.

---

(1) L'Eglise catholique romaine des saints apôtres Pierre et Paul a eu le malheur de voir consumer ses deux temples, celui d'hiver et celui d'été. Il n'y a que le bâtiment neuf en pierres qui ait échappé aux flammes. L'incendie a consumé une partie des vases sacrés, des ornemens d'église et tous les registres de baptêmes, mariages et sépultures : pour comble de malheur, les prêtres de cette paroisse ont été pillés et dépouillés avec inhumanité. J'ai cru de mon devoir de me rendre auprès de ces confrères infortunés, de mêler mes larmes aux leurs et de leur offrir, avec instance, de partager avec nous l'asile et le morceau de pain que la Providence nous avait conservés. On a paru sensible à cette démarche ; mais on n'a pas profité de mes offres.

En voyant ces malheureux, la consternation peinte sur le visage, au milieu des tombeaux éclairés par le reflet des flammes, on eût dit autant de spectres sortis de leurs sépulcres. Plusieurs se rendirent à l'hôtel de M. le comte Alexis Razoumovsky, habité par le roi de Naples, et furent accueillis par ce dernier avec humanité. Il leur fit distribuer quelques secours, mais bien insuffisans pour tout le monde.

Pendant ce temps, le feu embrâsait la partie basse de la Patrowka, et consumait toute la partie des boutiques adjacentes au bas du pont des maréchaux. La flamme, poussée par le vent, menaçait de franchir toute l'espace du pont et de dévorer toutes les boutiques qui sont au-delà en remontant vers la Loubianka. Déjà les habitans de ce quartier, chacun le paquet sur le dos, semblaient préparés à ce dernier sacrifice. Dans l'église de Saint-Louis, tout était dans la plus profonde consternation; tous les malheureux réfugiés dans cette enceinte, le paquet à la main et résignés à leur sort, s'étaient présentés chez moi pour recevoir la dernière absolution; je les priai de différer encore, en leur promettant de les avertir quand il en serait temps. Je me transporte aussitôt au lieu du danger; je n'y arrivai que couvert d'étincelles et de brandons enflammés. Il n'y avait qu'un coup du ciel qui pût nous sauver : il inspira à la compagnie de grenadiers, postée dans cet endroit, le courage de s'armer de seaux et d'arroser les toits des maisons les plus exposées, avec tant d'activité, que l'on prévint les atteintes du feu. Ce fut le salut de tout ce quartier, qui est le seul de la ville qui soit resté intact, et qui comprend tout le haut du pont des Maréchaux, la Rojestinka, les deux Loubianka, la Poste, la Banque, le Tchistipront et l'extrémité de la Pakrowska, située entre les deux boulevards, ainsi que la Maraceca.

Vers les trois heures du matin, le ciel se couvrit de nuages et la pluie abondante qui tomba le reste de la nuit, ayant calmé le vent, l'activité du feu se ralentit. Il n'échappa à cette tempête que quelques maisons éparses çà et là, la Gozokora polie et la rue Dimidova, qui conduit au Jardin d'été.

Le vendredi 6, la pluie qui continua à tomber ayant abattu le vent, l'incendie parut à sa fin. Néanmoins, le soir, le feu se manifesta encore dans quelques endroits, mais avec moins de violence.

Le samedi 7, Napoléon crut pouvoir alors rentrer avec plus de confiance dans le palais du Kremlin. Vers le soir, la flamme consuma encore quelques magasins à la porte de la Tverskoï : cette rue a conservé toute la partie située entre le palais du général gouverneur et le boulevard.

Les premiers soins de Napoléon, en rentrant au Kremlin, furent donnés aux malheureux de toutes les classes. Il ordonna qu'on nommât des syndics pour faire connaître tous ceux qui se trouvaient sans asile et sans subsistances; il fit ouvrir des magasins de refuge pour recevoir les incendiés, et promit de leur faire distribuer des rations. Il se transporta à la maison des Enfans-Trouvés, qui avait échappé à l'incendie ; fit appeler le directeur, M. le général Toutolmin, se fit rendre compte de la maison, l'engagea à vouloir bien faire son rapport à S. M. l'Impératrice mère, et se chargea de l'expédier par une estafette. (Ce rapport est resté sans réponse.) Napoléon s'occupa ensuite du soin des hôpitaux, dont une grande partie avait été préservée de l'incendie. Mais quel fut son étonnement, lorsqu'on lui rapporta que ces maisons étaient dans le plus grand dénuement des secours nécessaires; sans médecins, sans remèdes, sans surveillance; qu'on y avait trouvé une quantité prodigieuse de morts; que, sur plus de dix mille blessés arrivés récemment de l'armée, la moitié avait péri faute de secours; que le reste luttait entre le besoin et la mort. On donna ordre aussitôt à tous les chirurgiens de l'armée française d'établir une administration de secours pour tous les genres de maladie, en distribuant les malades dans les lieux convenables, et de faire des rapports exacts de l'état de ces malheureux. D'un autre côté, le maréchal Mortier, gouverneur général de la ville, et le général de division comte de Milhaud, commandant de la place, eurent ordre d'organiser une municipalité et une administration de police pour ramener l'ordre dans la ville et lui procurer des subsistances. Mais les lenteurs ordinaires qu'entraînent ces sortes d'opérations au milieu du tumulte des armes, et le peu de respect qu'on témoigna aux nouveaux magistrats, rendirent leur service à peu près nul.

Enfin, pour mieux dissimuler l'embarras dans lequel il se trouvait, pour s'être engagé trop avant dans un pays inconnu, aux approches de la saison rigoureuse, sans aucune espèce de ressources, Napoléon voulut persuader à ses soldats que son intention était de passer l'hiver à Moscou. Il fit rassembler tous les débris de la troupe française qui étaient restés, pour en composer un théâtre impérial, et l'on convoqua tout ce qu'il y avait de musiciens pour lui donner un concert.

Le dimanche 8, on croyait pouvoir respirer, en pensant que le calme allait enfin succéder à l'orage ; mais quel calme ! Dans la première semaine, personne n'avait osé sortir de sa maison sans se voir exposé à être dépouillé publiquement.

Les malheureux incendiés en avaient fait la triste expérience. La seconde semaine, le séjour des Français n'inspira pas plus de confiance. J'en appelle aux témoins oculaires, qui pour la plupart furent autant de victimes. Ce qui avait échappé à la première activité du feu ne devint pas de nouveau la proie des flammes; mais il n'en fut pas de même du pillage : ce qui avait échappé à l'avidité du soldat dans ses premières recherches, devint encore l'objet de sa cupidité. Il ne respecta ni la pudeur d'un sexe timide, ni l'innocence de l'enfant au berceau, ni les cheveux blancs de la vieillesse; et les tristes lambeaux de la misère dérobés à la flamme, devinrent encore un appât pour des hommes chargés des dépouilles de leurs frères (grâce au Ciel! l'église Saint-Louis avait échappé au pillage pendant le séjour des Français; mais elle ne put éviter la visite des Cosaques à leur retour). Les églises avaient été abandonnées par je ne sais quel esprit de politique ou d'aveuglement : pendant deux semaines entières, le son d'aucune cloche ne s'était fait entendre dans une ville où les temples étaient si multipliés. On ne rencontrait aucun pope; on ne voyait aucune trace de culte religieux; le peuple, au milieu des horreurs de la calamité la plus désastreuse, n'avait pas même la consolation d'épancher ses peines aux pieds des autels, et d'implorer la seule ressource qui reste aux malheureux. Les sentinelles préposées à la garde d'Israël, à la vue du danger, s'étaient cachées ou avaient pris la fuite (1).

Un seul pope de mon voisinage me consulta pour savoir s'il pouvait reprendre ses fonctions; c'était un pope étranger, aumônier du régiment des chevaliers gardes surpris par les Fran-

(1) On doit cependant à la vérité de l'Histoire, d'observer ici que les autorités constituées, loin de s'être opposées à l'exercice du culte national, donnèrent des ordres pour découvrir des popes et les obliger à reprendre leurs fonctions. On en trouva quelques-uns; mais ils se défendaient de célébrer leur office sous différens prétextes. Plusieurs, sans doute, avaient un motif très-légitime, parce que leur église était brûlée. On offrit aux autres tous les secours nécessaires pour reprendre l'exercice de leur ministère; mais, soit crainte, soit toute autre raison, on ne put en déterminer que trois ou quatre au bout de trois semaines.

çais, lors du départ de l'armée russe. Je l'engageai avec instance. Il obtint du commandant de la place la sauve-garde nécessaire pour faire son office avec décence; et le peuple accourut en foule à la seule église qui fût ouverte à son culte. On avait fait craindre au pope qu'il devait s'attendre à être forcé de prier, non pour l'empereur Alexandre, mais pour Napoléon. L'assurance lui fut donnée, en ma présence, de ne pas changer un seul mot à sa liturgie, et de continuer à prier pour son souverain légitime. Il célébra son office comme à l'ordinaire, et chanta le *Te Deum*. C'était le jour anniversaire du sacre d'Alexandre. Aussi que devait-il résulter de cet abandon inconcevable? les vases sacrés, les images, tous les monumens consacrés par la piété des fidèles furent pillés ou traînés indignement dans les rues. On a vu les lieux saints transformés en corps-de-gardes, en boucheries et en écuries. Le soldat ne se fit aucun scrupule d'employer aux usages les plus profanes, des lieux qu'on avait cru pouvoir abandonner à sa discrétion, ou livrer aux flammes. Enfin, la sainteté inviolable des tombeaux fut violée. Jamais ville prise d'assaut ne fut témoin de pareils excès. L'officier français avouait que depuis la révolution de France, il n'avait vu un tel désordre dans l'armée, et rejeta la faute sur l'amalgame des troupes alliées que Napoléon avait dans son armée, et particulièrement sur les Polonais, qui étaient animés d'un sentiment de vengeance particulière. Toutes les rues étaient jonchées de cadavres humains, étendus pêle-mêle avec ceux des chevaux et autres animaux qui avaient péri ou de besoin, ou dans les flammes.

Cependant l'empereur Napoléon qui, disait-on, n'avait toléré le pillage que pour dérober aux flammes ce qui leur avait été livré, et particulièrement les subsistances, ne put dissimuler ses regrets à la vue de la licence de ses troupes. Il donna les ordres les plus sévères pour arrêter le pillage, et la peine de mort fut prononcée contre les réfractaires : mais quelle digue pouvait-on opposer au torrent? Le crime fut puni, mais le brigandage ne put être réprimé.

Plus d'une fois l'officier indigné frappa de mort le soldat révolté. Les nouvelles autorités constituées, qui avaient ordre de rassurer les habitans des campagnes circonvoisines et de les engager à procurer des fourrages et des subsistances à la ville, échouèrent dans leur tentative. Aucun, ou presqu'aucun paysan, ne hasarda impunément de transporter ses denrées à la ville; il se vit dépouillé en entrant aux barrières; on lui enleva denrées, cheval et voiture : trop heureux d'en être quitte à ce prix! Ces enlèvemens souvent réitérés ne laissaient aucun espoir d'approvisionner la ville : la disette était extrême; le citoyen ne vivait que de ce qu'il pouvait obtenir de la pitié du militaire. Les choux et les pommes de terre étaient devenus la nourriture ordinaire, et le besoin le plus urgent rendait le soldat insolent envers ses officiers.

On sentit, mais trop tard, la nécessité de proposer des gardes aux magasins de farine, de vin et d'eau-de-vie que l'on découvrit. Si, dès le principe, les autorités se fussent emparées de ces magasins, en établissant un certain ordre pour la distribution des subsistances, il est démontré que la ville de Moscou eût pu être à l'abri du besoin pendant l'hiver entier. Mais cette mesure n'ayant été employée qu'après le pillage, il dut en résulter une dilapidation monstrueuse, et la famine en fut la suite nécessaire. D'un autre côté, la cavalerie manquait de fourrages; les cavaliers, obligés de s'éloigner jusqu'à trente ou quarante verstes aux environs de la ville pour se procurer des provisions, étaient surpris par des partis de Cosaques répandus tout autour de Moscou; et la plupart du temps les cavaliers et les chevaux échouaient dans ces sortes d'entreprises. Ces pertes réitérées devinrent à la fin très-sensibles. Napoléon feignit de vouloir cantonner sa cavalerie dans les maisons de campagne distantes de quinze à vingt verstes de Moscou; mais toutes les campagnes autour de la ville étaient épuisées ou brûlées; des temps pluvieux annonçaient la saison de l'hiver; l'insubordination du soldat inspira de justes craintes. On débita qu'on avait envoyé un parlementaire faire des propositions; mais ces tentatives ayant été sans succès, on dut se déterminer à abandonner Moscou. On mit la plus grande activité à expédier des convois de blessés ou de malades sur la route de Smolensko. On donna ordre de préparer une grande quantité de biscuits. Les rations qui avaient été promises aux indigens, retirés dans les maisons de refuge, n'avaient pu avoir lieu, vu l'extrême disette. Napoléon fit mettre 50,000 roubles en cuivre à la disposition des syndics chargés du soin de ces malheureux. La répartition qui en fut faite assignait environ 90 roubles à chacun ; mais la difficulté de porter une monnaie aussi pesante ayant exigé des soins et des lenteurs incompatibles avec la précipitation du départ des Français, cette distribution a été presque sans effet, et le secours promis, illusoire.

Ce fut la populace de Moscou et les paysans des environs qui profitèrent le plus de ce don. Plusieurs d'entre eux traînèrent dans les campagnes des charriots chargés de cuivre, et les enfouirent dans des magasins secrets. Enfin, le dimanche 6 octobre, à quatre heures du soir, on bat la générale, et les troupes ont ordre de se préparer au départ. Une heure après, une partie des régimens se met en marche, et Napoléon quitte le Kremlin, après avoir fait enlever la croix de la tour d'Ivan-Veliki, qu'il fit expédier en France comme un monument de sa victoire. Le lendemain, le maréchal Mortier transporta son domicile et sa chancellerie au Kremlin; tout ce qui reste de troupes, au nombre d'environ cinq mille hommes, se concentre dans cette enceinte. On expédie à la hâte les derniers convois de malades. Le mardi 8, un parti de Cosaques pénètre par la Tverskoï, en se signalant comme parlementaire, et veut percer jusqu'au Kremlin: les Français se rassemblent et les obligent de plier. Quelques jours auparavant, le palais de Petrowsky, que l'on croyait servir de retraite aux Cosaques, fut livré aux flammes, et bientôt après, la maison de M. le comte de Rostopchin, à la Kalinka, éprouva le même sort.

Enfin le jeudi 10 octobre, le départ du général fut annoncé à deux officiers russes, qui s'étaient avancés jusque dans le Tverskoï, en se signalant comme parlementaires; l'officier qui commandait le poste placé dans cette rue, les arrête et les conduit avec escorte, chez le gouverneur-général Mortier, qui leur déclare que ne s'étant pas fait annoncer ni par un trompette, ni par un officier subalterne, selon les lois de la guerre, ils sont prisonniers de droit, et qu'il va les faire conduire au quartier-général de l'empereur Napoléon. C'était MM. Winzingerode, lieutenant-général commandant des Cosaques, et Léon Alexandrovitch de Narichkim, chef d'escadron des hussards. Le soir, les troupes commencent à défiler vers les sept heures, et à onze heures le Kremlin et la ville étaient entièrement évacués par les Français. On s'attendait à quelqu'évènement sinistre la même nuit de ce départ. En effet, vers les deux heures du matin, une explosion épouvantable, suivie d'une commotion générale se fait entendre, c'était l'arsenal qui venait d'être enseveli sous ses ruines, par l'effet d'une mine. Dans le même temps le palais des Czars est en feu et devient la proie des flammes. Cette première explosion occasionna une telle secousse que toutes les vitres de la ville furent brisées. De deux femmes retirées dans la maison de refuge, l'une fut étouffée, et l'autre, enceinte, fut surprise par les douleurs de l'enfantement.

Trois autres explosions moins considérables que la première détruisent la porte du Kremlin, vis-à-vis la Nikolski, une partie du sénat et les tours extérieures du Kremlin. On ajoute que les Cosaques étant survenus, parvinrent à couper la mèche qui devait mettre le feu à 48 tonneaux de poudre, destinés à faire sauter les cathédrales et la tour d'Ivan Veliky. Dans la grande commotion, la cloche d'Ivan Veliky fut détachée et tomba. Les Français en évacuant Moscou, abandonnèrent à la générosité de leurs ennemis plus de deux mille blessés français qui se trouvèrent à l'hôpital de Galitzin et à celui des enfans-trouvés. Une quarantaine de ces malheureux apprenant qu'ils devenaient prisonniers de guerre, voulurent se retirer, mais ils furent massacrés par les paysans en sortant de la ville, et le lendemain le chemin fut trouvé couvert de leurs cadavres.

Telle fut la destinée de l'ancienne capitale de

la Russie, de la ville la plus grande de l'Europe. Elle était à proprement parler, la résidence commune de la noblesse Russe. C'était l'entrepôt le plus considérable des marchandises nationales; son commerce intérieur était immense; elle renfermait un nombre infini d'établissemens célèbres et aussi utiles aux arts qu'à l'humanité. On comptait au mois de Juillet dernier environ 9,300 maisons de maîtres, plus de 800 hôtels de seigneurs dans lesquels l'art le disputait à la richesse des ornemens. Aujourd'hui, en calculant le nombre des maisons échappées aux flammes, on peut évaluer ce nombre, à peu près à un cinquième de la ville.

La perte que la Russie a éprouvée par l'incendie de Moscou est incalculable : que de millions ensevelis sous des ruines! que de richesses en tout genre réduites en cendre! combien de chefs-d'œuvres à jamais perdus pour les arts! Nous ne parlons point des victimes nombreuses qui ont été la proie des flammes, ni des trésors renfermés dans les bibliothèques qui furent consumées par le feu. Nous ne nous permettrons pas même d'examiner si l'incendie de la ville de Moscou était une mesure absolument nécessaire pour obtenir le résultat qu'on se proposait; c'est une question qui appartient au tribunal impartial de la postérité. Une chose bien digne de remarque, c'est que le pillage provoqué par le besoin, fut alimenté et excité par l'infidélité des gens de maison qui, pour la plupart, trahirent leurs maîtres en indiquant les klodovoïes et les caves secrètes, afin de partager le butin; et après le départ des Français, la populace de Moscou et des environs, enchérissant sur tout, a laissé partout des traces de son insatiable avidité. Pour nous, admirons le courage et le patriotisme d'un gouvernement qui nous a recueillis avec bienveillance, et qui a acquis sur nos cœurs des droits à jamais inaltérables.

Moscou, 8 novembre 1812.

Si vous avez reçu, mon digne et respectable ami, la lettre que je vous ai adressée dernièrement, par une occasion sûre, vous devez avoir la réponse à toutes les questions de votre lettre du 21 du mois dernier. Vous avez les détails les plus vrais, les plus circonstanciés qu'un témoin oculaire et véridique puisse donner : je serais fâché que cette lettre ne vous fût pas parvenue, parce qu'elle a été écrite pour ne vous laisser rien ignorer. Je sais par expérience combien la politique met d'adresse à déguiser les faits; mais j'avais bien aussi mon idée quand je vous ai tout dévoilé. Cependant, dans l'incertitude où je suis, si mon envoi vous est parvenu, je vais répondre aux principales questions de votre lettre.

Oui, mon digne ami, nous existons encore, nous sommes sains et saufs : *Sic tamen quasi per ignem*. La Providence nous a protégés d'une manière trop sensible pour méconnaître sa main puissante dans cette circonstance. Nous avons vécu quatre jours sous une voûte de feu; une seule étincelle détachée de cette voûte eût suffi pour nous réduire en cendres; et grâce au ciel la tempête a grondé autour de nous sans nous atteindre. Notre quartier est resté le seul intact de l'immense ville de Moscou.

Ce quartier est compris dans une courbe, qui commencerait à la maison de notre ami de Bonne, au pont des maréchaux, s'éléverait le long du canal et des bains de Sandonnow, jusqu'au boulevard, puis tournant à main droite suivrait tout le boulevard jusqu'a la Pakrorska, et continuant à droite, de la même Pakrorska, retournerait en descendant la Maraceka, jusqu'à la maison de Février l'horloger : c'est là ce qui compose aujourd'hui la ville de Moscou. Il y a cependant des parties de rues assez bien conservées; telles que la Tverskoïe, depuis la maison du général gouverneur, jusqu'à la porte de la même rue. Une partie de la Nikitka à la Slobode, il n'y a de conservé que la rue Dimidova, qui conduit au Jardin d'été. Dans tout le reste, il y a quelques maisons éparses çà et là, qui semblent avoir été préservées pour attester l'étendue de l'ancien Moscou. Napoléon n'avait jamais pu croire que le projet d'incendier cette ville, dont on l'avait prévenu, fût mis à exécution. Il s'en est vengé en livrant aux flammes quelques maisons de campagne, et en détruisant par la mine une partie du Kremlin. Beaucoup d'églises ont été la proie du feu. L'église catholique d'hiver et d'été, chez nos confrères de la Slobode, l'église Nouvelle des luthériens, celle des réformés sont en cendres. L'ancienne église luthérienne a été conservée; une partie des églises russes a été incendiée, et presque toutes ont été pillées. On a remarqué que la populace de Moscou avait joué le plus grand rôle dans le pillage : c'est elle qui a commencé le pillage des boutiques : c'est elle qui a découvert les caves les plus secrètes aux soldats français, pour partager le butin : c'est elle qui a introduit les Cosaques chez les particuliers, au départ des Français; et les paysans, dès environs de Moscou, qui venaient prendre part au brigandage, emportaient chez eux et enfouissaient tout ce qu'ils pouvaient. En général, les gens de maison ont trahi leurs maîtres et se sont enrichis de leurs dépouilles.

Les Français, grâce à la sauve-garde qu'on nous avait donnée à notre arrivée, ont respecté notre enceinte, et elle avait été intacte jusqu'à l'entrée des Cosaques, qui les ont remplacés sans qu'il y eût aucune autorité pour les comprimer. Je suis fort heureux, pour mon compte, d'en avoir été quitte pour quelques couverts en argent, bouteilles de vin et provisions de sucre, poisson, etc. Heureusement, tout s'est passé sans aucune violence; et c'était ce qu'il y avait le plus à craindre.

Les abbés Florentin, Perrin et Malherbe sont restés continuellement avec moi dans notre enceinte. L'abbé Florentin était malade depuis cinq mois, et l'est encore. L'abbé Perrin a eu tant d'horreur du brigandage de l'armée française, qu'il n'a pas osé la suivre, quoiqu'il eût reçu l'ordre de partir. Il a mieux aimé encourir les risques que de sortir de l'empire avec les ennemis du pays. On m'a forcé, dit-il, à me naturaliser; je suis fort de ma conscience; qu'on me juge, je suis prêt à tout. Notre cour est encombrée de réfugiés; nous sommes les uns sur les autres. Notre service divin n'a jamais été interrompu, même au plus fort de la calamité, et le dimanche 8 de septembre, il n'y a eu de messe dans tout Moscou qu'à l'église de Saint-Louis. J'avais déclaré à M. le général gouverneur, qui m'avait demandé avec intérêt ce que je deviendrais, que j'étais bien décidé de rester à mon poste; que tant qu'il y aurait des paroissiens de Saint-Louis à Moscou, rien au monde ne pourrait me détacher d'eux; qu'ils avaient des droits à mon ministère, et que je serais responsable devant Dieu de ma désertion. Il avait été frappé de ma résolution, et la bonne comtesse en paraissait attristée. Aussi m'a-t-elle écrit de Jaroslaw, dès le moment que la route a été libre, en m'envoyant quelques provisions. Depuis que l'ancien ordre est rétabli, beaucoup de personnes, parmi celles qui étaient restées à Moscou, ont été cruellement inquiétées. J'ai été vu d'un très-bon œil par tout le monde, parce qu'on savait que je n'étais resté que par devoir, et que je n'avais eu aucune espèce de relation avec les chefs du gouvernement français, qui pût me compromettre. Ce qu'il y a de singulier, c'est que dans le peu de rapports que j'ai eus avec eux, je n'ai reçu que des honnêtetés de leur part. Ils m'ont traité avec égard et considération ; ils m'ont témoigné leur étonnement de ce que je m'étais condamné, disaient-ils, à rester à Moscou. Je leur ai répondu que les mêmes principes qui m'avaient éloigné de ma patrie, me retenaient à Moscou. J'ai eu occasion de voir M. de Lesseps. Beaucoup de Français moscovites ont suivi l'armée, ce qui cause beaucoup de trouble parmi les restans. *Usque quò, Domine ?*

On ne se fait pas une idée d'un pareil déluge de feu : il ne reste qu'un cinquième de Moscou ; sur 9,300 maisons de maîtres et 800 hôtels, il peut rester à peu près 2,000 maisons.

Ma première idée, à la vue de notre désastre, était d'aller me réunir à l'abbé Nicolo, et d'attendre là l'époque de la paix générale, qui peut seule faire connaître ce que nous avons à craindre ou à espérer. Je ne me laisse plus bercer par les nouvelles forgées par la politique. J'ai vu les choses de trop près pour me tranquilliser sur les événemens présens et à venir. Le chef de l'armée française a juré en partant de réduire Saint-Pétersbourg en cendres au printemps prochain, ainsi que Riga, et de combler les ports. A juger de ses projets par sa retraite précipitée, on serait tenté de croire qu'il se fait illusion; mais, en attendant, 200,000 conscrits avaient ordre de se mettre en route, 150,000 Polonais étaient organisés par le duc de Bassano; 80,000 hommes étaient aux environs de Dantzick, sous la conduite du maréchal Augereau; 40,000 sous les ordres du maréchal Victor; et les contingens de la Confédération du Rhin devaient être réunis au complet, sans compter les troupes autrichiennes, et peut-être d'autres ennemis qu'il tâchera de susciter à la Russie, pour se venger; car il veut se venger, et il a de terribles moyens. Le plus sûr est de ne pas s'endormir. Je vous le répète, si vos pères ont des précautions à prendre, qu'ils ne les négligent pas. La manière dont cet homme manie l'esprit de ses soldats et maîtrise son armée, lui donne une puissance monstrueuse. Aucun de ses généraux, même le plus intime, ne connaît sa pensée ; aucun n'ose le contredire, et il dit que le mot *impossible* n'a point été fait pour lui.

Nous n'avons pas cessé de faire les prières prescrites pour la guerre, pendant le temps que les Français étaient à Moscou. Un des assistans eut un jour la franchise de nous dire : il paraît, messieurs, que vous ne seriez pas fâchés de nous voir éloignés d'ici ? On lui répondit : Monsieur, croyez-vous que nous ayons beaucoup à gagner à votre séjour ici ? J'avoue de bonne foi, reprit-il, que nous ne sommes pas des hôtes fort accommodans.

FIN.

IMPRIMERIE D'ABEL LANOE.

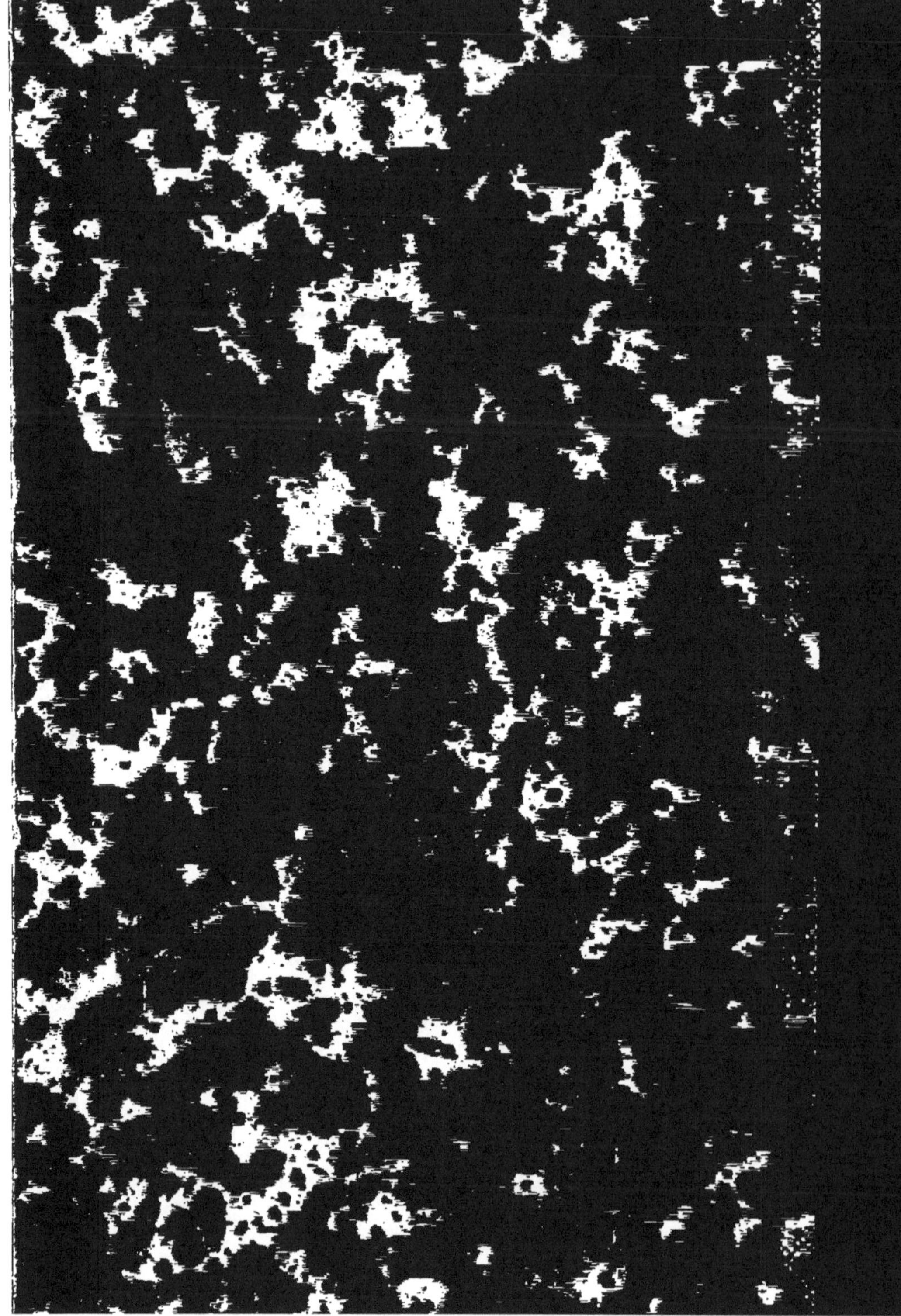

www.ingramcontent.com/pod-product-compliance
Lightning Source LLC
LaVergne TN
LVHW010059230826
846091LV00005B/2015

* 9 7 8 2 0 1 2 9 3 8 9 0 8 *